FRENCH STORIES

BEGINNER AND INTERMEDIATE STORIES TO IMPROVE YOUR FRENCH

FRENCH HACKING

Copyright © 2016 French Hacking

All rights reserved. No part of this publication may be reproduced, distributed or transmitted in any form or by any means, including photocopying, recording, or other electronic or mechanical methods, without the prior written permission of the publisher, except in the case of brief quotations embodied in critical reviews and certain other non-commercial uses permitted by copyright law.

Trademarked names appear throughout this book. Rather than use a trademark symbol with every occurrence of a trademarked name, names are used in an editorial fashion, with no intention of infringement of the respective owner's trademark. The information in this book is distributed on an "as is" basis, without warranty. Although every precaution has been taken in the preparation of this work, neither the author nor the publisher shall have any liability to any person or entity with respect to any loss or damage caused or alleged to be caused directly or indirectly by the information contained in this book.

UPDATES

For a chance to go into the draw to win one of our FREE books every month and other updates, subscribe below!

https://frenchacking.activehosted.com/f/3

For daily posts on all things French, follow us on Instagram @Frenchacking

One language sets you in a corridor for life. Two languages open every door along the way.

— Frank Smith

CONTENTS

1. Chapter 1 - Les membres de la famille — 1
2. Chapter 2 - La nourriture — 9
3. Chapter 3 - Les Vêtements — 17
4. Chapter 4 - Les Loisirs — 25
5. Chapter 5 - L'école — 33
6. Chapter 6 - Des endroits — 42
7. Chapter 7 - La Maison — 50
8. Chapter 8 - Le corps — 59
9. Chapter 9 - Le Travail — 67
10. Chapter 10 - La Météo — 76

Afterword — 85

CHAPTER 1 - LES MEMBRES DE LA FAMILLE

Mademoiselle Chantal, mère de 2 enfants est enseignante à l'**école primaire** Cavenne de Lyon. Dans le cadre de l'**apprentissage** de la présentation et de l'expression en public, elle a fait participer tous ses **élèves** à une séance commune. C'est ainsi qu'au cours d'une leçon Mademoiselle Chantal demande à chacun d'eux, tous âgés **en moyenne** de 10 ans de parler de sa **famille**.

Ecole primaire : Primary school

Apprentissage : Learning

Salle : Classroom

Élève : Student

En moyenne : In average

Famille : Family

La classe est en **majorité** composée de **garçons** (15 garçons contre 9 **filles**). C'est ainsi que Franklin, l'un des élèves les plus

vaillants de la salle demande la permission de prendre la parole pour commencer l'activité en question.

Je m'appelle Franklin, j'ai 10 ans et je vais vous présenter les membres de ma famille. J'ai un **frère** et deux **sœurs** : Cédric, Corinne et Sylvia. L'**aîné** de la famille Cédric est âgé de 18 ans et est en classe de Terminale Scientifique. La deuxième de la famille Corinne a 16 ans et est élève au **lycée**. L'avant dernière Sylvia a pour sa part 14 ans et s'apprête à entrer au Lycée. Je suis donc logiquement le **benjamin** de la famille.

Majorité : Majority

Garçon : Boy

Fille : Girl

Vaillant : Valiant

Frère : Brother

Sœur : Sister

Aîné : Elder

Lycée : High school

Benjamin : Youngest

Ça fait bien **longtemps** que mes parents se sont mariés, plus précisément depuis 23 ans. Mon **papa** qui s'appelle Jean-Marie est **médecin** et il travaille à l'**hôpital** de la Charité de Lyon. Ma **maman** se prénomme Laura. Elle est **ménagère**. J'aime beaucoup ma maman parce qu'elle s'occupe non seulement de la **maison**, mais aussi vient très souvent nous chercher à la sortie de l'école, tandis que c'est papa qui nous dépose le matin en allant à son lieu de service. Nous habitions auparavant à Strasbourg. Du fait du travail de papa, nous avons aménagé ici il y a 4 ans.

Longtemps : Long time

Papa : Father

Médecin : Doctor

Hôpital : Hospital

Maman : Mom

Ménagère : Housewife

Maison : House

J'ai la chance que mes grands-parents maternels vivent encore. **Grand-père** Henry et **Grand-mère** Hortense vivent toujours ensemble en Bretagne. Je vais les voir chaque année durant les vacances d'**été** avec mes frères et sœurs.

Du côté **paternel**, je n'ai pas eu la chance de connaître grand-pa Christophe qui est **décédé** avant ma **naissance**. Toutefois, Grand-mère Cécile vit dans le Sud-Est de la France, plus précisément à Nice.

Nous avons une **tradition familiale** qui nous est chère. Chaque fête de Noël, nous allons fêter avec nos **grands-parents** paternels et maternels un an sur deux.

Mais il arrive qu'à certaines occasions telles que la fête de Pâques ou un anniversaire, ils nous fassent la surprise de leur présence. Ceci nous aide à renforcer davantage nos liens.

Grand-père : Grandfather

Grand-mère : Grandmother

Été : Summer

Paternel : Paternal

Décédé : Deceased

Naissance : Birth

Tradition familiale : Family tradition

Grands-parents : Grandparents

J'ai deux **tantes** et un **oncle**. Mes tantes qui sont les grandes sœurs de ma maman, s'appellent Monique et Claudia.

Tata Monique est **professeur** de français dans le nord de Marseille. Elle est mariée à Rostand et ils ont 2 garçons. Mes **cousins** Achilles et Emmanuel sont bien plus âgés que moi : 12 et 17 ans. Ils sont également élèves et nous nous entendons très bien.

Tantine Claudia est secrétaire de direction dans une multinationale présente dans plusieurs pays dans le monde. Elle n'est malheureusement pas mariée. Toutefois, elle a une fille Cynthia, âgée de 22 ans qui est **étudiante** et qui par ailleurs a un petit garçon de 3 ans. Tata Claudia est très fière d'avoir un **petit-fils** et cela suffit largement à faire son bonheur, bien que ce ne soit pas toujours facile de gérer entre travail, responsabilités et charges domestiques.

Mon **tonton** Martial est le **petit frère** de papa. Il est **policier** et vit à Nantes. Son **épouse** Josiane est assistante sociale pour le compte de la mairie de la même ville. Ma **cousine** Célesta et son frère François sont les fruits de leurs unions. Tous les deux sont allés étudier à l'université en dehors du pays.

La maîtresse est satisfaite de la prestation du petit Franklin et demande à toute la classe de l'applaudir **chaleureusement**. C'est ainsi qu'à tour de rôle, les autres élèves ont pris la suite de Franklin en suivant son exemple. Non seulement ceci leur permet de s'**exprimer**, mais aussi de mieux se connaître. Ainsi, cette activité apparemment **ludique** est le moyen par excellence permettant aux enfants de tisser des liens d'amitié plus sincères.

Tantes : Aunts

Oncle : Uncle

Professeur : Professor

Cousins : Cousins

Tantine : Auntie

Etudiante : student

Tonton : Uncle

Petit-fil : Grandson

Petit frère : Junior brother

Policier : Police officer

Epouse : Spouse

Cousine : Cousin

Chaleureusement : Warmly

S'exprimer : Speak out

Ludique : Playful

DES QUESTIONS

1) Dans quel établissement enseigne Mademoiselle Chantal ?

A) A l'université de Lyon

B) A l'école Elémentaire Louise

C) Au collège

D) A l'école Primaire Cavenne de Lyon

2) Quelle est la profession du Père du petit Franklin ?

A) Ministre de l'éducation

B) Médecin

C) Professeur de français

D) Policier

3) Comment s'appelle l'unique frère du petit Franklin ?

A) Charles

B) Jean-Marie

C) Christophe

D) Cédric

4) En quoi consiste la tradition familiale qui est chère à la famille de Franklin ?

A) Aller passer la fête de Thanksgiving dans un hôtel du Canada

B) Aller rendre visite à ses grands-parents tous les dimanches sans exception

C) Toute la famille passe la fête de Noël avec les grands-parents

D) Offrir des cadeaux pour la fête de la Saint-Sylvestre à leurs parents

5) Comment s'appellent les tantes du petit Franklin ?

A) Monique et Claudia

B) Nadège et Claudia

C) Pauline et Monique

D) Hortense et Corinne

LES RÉPONSES

1. D
2. B
3. B
4. C
5. A

2

CHAPTER 2 - LA NOURRITURE

Aujourd'hui madame Clarence décide de faire réviser à ses élèves leurs connaissances sur les **aliments** que nous consommons au quotidien. Pour mieux se faire comprendre, elle divise l'**activité** en 4 rubriques à savoir : les fruits, les légumes, la viande et les céréales. Regroupés autour de chaque table, Marcos, Nina, Olive et le reste de la classe sont **impatients** de présenter à tour de rôle un aliment de leur choix.

Pendant que Line, qui n'avait pas pris son **petit-déjeuner**, avait très **faim** et boudait dans son coin. La maîtresse se rapproche d'elle et lui demande gentiment de partager avec la classe ses connaissances sur les fruits. C'est ainsi que Line se lève avec un **sourire** aux lèvres et passe à l'avant de la salle de **classe** face à ses camarades.

Aliment : Food

Activité : Activity

Impatient : Impatient

Petit-déjeuner : Breakfast

Faim : Hungry

Sourire : Smile

Classe : Classroom

Camarades de classe : Classmates

Line : D'habitude j'accompagne ma maman au marché de **fruit**s. Sur les **étalages,** on y trouve des **banane**s, des **ananas**, des **oranges**, des **papayes**, des **mandarines**, des **goyaves**, des **pastèques, des mangues,** et plein d'autres fruits. Ma maman me dit toujours que les fruits sont très importants pour notre organisme et nous devons en consommer le plus possible. Après les repas, ma famille et moi prenons toujours des fruits. Mon **grand-père** Charlie nous dit souvent que les fruits facilitent la digestion et permettent de garder le **corps** en bonne santé. Moi particulièrement, j'aime les oranges. C'est mon fruit préféré.

Fruit : Fruit

Etalage : Display

Banane : Banana

Ananas : Pineapple

Orange : Orange

Papaye : Pawpaw

Mandarine : Tangerine

Goyave : Guava

Pastèque : Watermelon

Mangues : Mangoes

Grand-père : Grand father

Corps : Body

Acclamée par tous les élèves, c'est avec assurance que Line rejoint sa place. Madame Clarence n'est pas au bout de sa surprise, quand Marcos qui est un élève peu bavard lève son index.

Madame Clarence : Oui, Marcos, c'est à ton tour ! Peux-tu nous parler des légumes que tu connais ?

Marcos : Ma sœur pauline et moi habitons chez tantine Gisèle. Chaque weekend, nous allons à la ferme **récolter** les **légumes**. Il y en a de toutes sortes. Avec Pauline, nous apprenons à entretenir le jardin sous le regard attentif de tantine Gisèle. A notre dernière cueillette, nous avons récolté des **carottes**, des **poivrons**, des **courgettes**, des **tomates**, et des **oignons**. Tante Gisèle nous demande toujours de bien entretenir le **jardin** si nous voulons continuer à récolter plus de légumes. Ma sœur pauline aime manger les carottes parce que tante Gisèle dit que c'est bon pour les yeux.

Madame Clarence : Bravo Marcos dit l'enseignante ! Tu nous as éclairés sur les légumes. Nina, as-tu quelque chose à ajouter pour notre activité ?

Récolte : Harvest

Légume : vegetable

Carotte : Carrot

Poivron : Green pepper

Courgette : Courgette

Tomate : Tomato

Oignon : Onion

Jardin : Garden

Nina : Oui madame, j'aimerais bien parler des céréales. Moi j'adore les **céréales** ! Mon papa me garde toujours un paquet de **biscuits** à son retour du travail, il dit que nous les enfants nous avons besoin des céréales pour grandir. Mon petit frère Michel est très d'accord avec notre père. Chaque dimanche, à la sortie de l'église, nous faisons un tour au supermarché du quartier pour acheter des **biscuits**, des **galettes**, du **pain**, des **gâteaux**... Monsieur Alain le gérant dit que les céréales sont faites à base de **maïs**, de **sorgho**, de **mil**, d'**orge**, de riz, de l'avoine et même de **blé**.

Céréale : Cereal

Biscuit : Biscuit

Galette : wafer

Pain : Bread

Gâteaux : Cakes

Maïs : Corn

Sorgho : Sorghum (Cereal in warm regions)

Mil : Millet (tropical cereal)

Orge : Barley

Riz : Rice

Blé : Wheat

Madame Clarence n'en revient pas : tous ses élèves sont plus qu'informés sur l'objet de la leçon. Mais néanmoins il en reste une rubrique.

Madame Clarence : Olive, peux-tu nous dire de quelle rubrique il s'agit ?

Olive : Madame, il s'agit de la viande. La viande est importante pour notre croissance. Ma maman nous en prépare dès qu'elle en a l'occasion. Il existe deux types de **viande** : La viande à la chair rouge et la viande à la chair blanche. Mon oncle Célestin le diététicien dit qu'il est préférable de consommer la viande à la chair blanche ; comme la **volaille**, le **lapin**; le porc ...C'est pourquoi ma famille organise des **barbecues** à la fin de chaque semaine. Humm

!!!! J'aime bien la viande grillée, elle est **délicieuse**. Grand-père et grand-mère nous conseillent d'en manger parce que la viande donne plus de force et de vitamines.

Madame Clarence : Bon les amis, c'est tout pour aujourd'hui demain nous verrons un autre sujet. Je suis très fière de vous parce que tout le monde a fait l'effort de participer à l'activité.

Viande : Meat

Volaille : Poultry

Lapin : Rabbit

Barbecue : Barbecue

Délicieuse : Delicious

DES QUESTIONS - CHAPITRE 2

1) De quoi parle l'activité de Madame Clarence ?

A) De la danse

B) De la pêche

C) Des aliments

D) Des écoles

2) Quel est le fruit préféré de Line ?

A) La papaye

B) Les oranges

C) Les goyaves

D) Les mandarines

3) Où est-ce que Marcos et sa sœur Pauline passent souvent les weekends ?

A) A la ferme

B) En ville

C) Hors du pays

D) A la campagne

4) Où va souvent Nina à la sortie de l'église ?

A) A l'école

B) A la ferme

C) Au supermarché

D) Au zoo

5) Pour Célestin, le diététicien dit qu'il est préférable de manger quel type de viande ?

A) La viande à la chair noire

B) La viande à la chair rouge

C) La viande à la chair jaune

D) La viande à la chair blanche

LES RÉPONSES - CHAPITRE 2

1. C
2. B
3. A
4. C
5. D

3
CHAPTER 3 - LES VÊTEMENTS

C'est bientôt les **vacances** ! Lola et sa famille décident d'aller les passer chez tante Odile dans le Sud de la France, plus précisément à Marseille. **Ville touristique**, de par sa proximité avec les chaînes montagneuses, Marseille est un lieu calme et très accueillant. Tante Odile est une bonne pâtissière. Mariée à un fermier, elle n'a pas eu la chance de faire des enfants. Lola est très impatiente de s'y rendre accompagnée de son frère Rich et de sa petite sœur Joane. Les enfants sont impatients de goûter aux gâteaux de leur tante. A cette occasion, Madame Claude amène les tout petits faire des achats dans la **boutique** qui se trouve à quelques pâtés de la maison. Le printemps tire bientôt à sa fin, c'est l'occasion de changer de **garde-robe**. L'été sera de retour dans quelques jours, il faut bien **s'habiller** selon les **saisons**.

Vacances : Holidays

Ville touristique : Tourist town

Boutique : Shop

Garde-robe : Wardrobe

S'habiller : Get dressed

Saisons : Seasons

Le samedi est un jour de libre pour toute la famille. Madame Claude amène les enfants faire les **courses**. La boutique est grande et bien **décorée**, la famille est accueillie par Donald l'un des **gérants**. C'est un monsieur calme et toujours souriant. Cela fait des années qu'il fait le même travail. Les enfants l'aiment bien car ce dernier est toujours attentionné.

Donald : Que puis-je faire pour vous mes amis ?

Surexcité, Rich s'écrie !

Rich : Nous souhaitons acheter de nouveaux habits pour un voyage.

Donald : Avez-vous une idée du type de **vêtement** que vous voulez ?

Rich : Nous allons passer une partie de **l'hiver**, le **printemps** et l'**été** chez notre tante Odile et son mari Henri. Monsieur Henri je l'aime bien parce qu'il est gentil. Ils nous laissent souvent visiter la ferme. Et dès qu'il a du temps, il nous amène monter les chevaux avec de drôles de **bottes** ; c'est très amusant !

Joane : Pouvez-vous, s'il vous plaît, nous aider dans le choix de vêtements ?

Course : Shopping

Décoré : Decorated

Gérant : Manager

Vêtement : Clothes

Printemps : Spring

Eté : Summer

Hiver : Winter

Bottes : Boots

. . .

Donald explique qu'au printemps, il est recommandé de porter des habits pas trop légers ni trop épais. Ce dernier présente une collection de polo et de **tricot** simple, qu'on peut enfiler facilement dans un **pantalon** jeans ou dans une longue **jupe** coton pour une balade. Il précise également qu'on peut ajuster la **tenue** avec **jaquette**.

Rich penche plutôt pour les polos et les pantalons jeans. C'est plus simple et plus facile à porter, dit-il. Lola qui hésite devant de belles **couleurs** finit par choisir plusieurs longues jupes de différentes couleurs (**jaune, orange** et **rose**), qu'elle mettra avec des **chemisiers** aux couleurs vives. C'est la couleur qui fait la **tendance** en ce moment pense-t-elle. Quant à Joane, le choix n'est pas aussi simple ! Elle préfère plutôt des tenues fleuries aux couleurs du Printemps.

Tricot : Undershirt

Pantalon : Trouser

Jupe : Skirt

Tenue : Outfit

Jaquette : Jacket

Couleur : Color

Jaune : Yellow

Orange : Orange

Rose : Pink

Chemisier : Blouse

Tendance : Fashion

Pour ce qui est de l'été, Donald conseille de s'habiller léger. Porter des **robes** à courtes manches est la meilleure façon d'être en harmonie avec le **soleil**. Un tricot simple enfilé dans une culotte ou une combinaison légère, porté(e) avec des sandales ferait l'affaire, dit-il. Donald ajoute également qu'on peut accompagner cet **habillement** avec un chapeau large bord. Ce dernier présente également des maillots de bain très tendances pour **bronzer** sous le soleil. Amoureux des **plages**, les enfants n'hésitent pas à pointer du doigt les jolis **maillots de bain** aux couleurs chatoyantes, assortis de **chapeaux**.

Robe : Dress

Soleil : Sun

Habillement : Clothing

Bronzer : Getting a suntan

Plage : Beach

Maillot de bain : Bathing suit

Chapeau : Hat

Joane qui ne pense qu'à faire du ski **en montagne,** à fabriquer des **bonshommes de neige** et à faire des batailles de **boules de neige**, incita le gérant à parler d'hiver. A pas très confiants, le gérant conduisit donc la famille dans un rayon tout au fond de la boutique. De là, on peut y trouver des **manteaux** avec **fourrure**, des pantalons velours, des pull-overs, des **blousons** de toutes les tailles et de toutes les couleurs. Il y a également des **écharpes**, des **gants**, des **bottes** pour plus se protéger contre le **froid**.

En montagne : In the mountains

Bonhomme de neige : Snowman

Boules de neige : Snowball

Manteau : Coat

Fourrure : Fur

Blouson : Jacket

Écharpes : Scarf

Gants : Gloves

Botte : Boot

Froid : Cold

Les enfants sont **émerveillés** devant ce beau spectacle, il ne reste qu'à chacun de faire son choix. Madame Claude profite aussi de cette occasion pour faire un **cadeau** à tante Odile. Un manteau avec fourrure ira bien à sa sœur. Les enfants n'hésitent pas à porter leur choix sur les gants, les manteaux, les collants, les **bonnets** et les écharpes.

De retour à la maison et très satisfaite de leurs courses, la famille attend le départ en **congés** avec impatience. Tante Odile sera contente de revoir ses **neveux** après deux ans d'absence.

Émerveillés : Amazed

Cadeau : Gift

Bonnet : Cap

Congé : Holiday

Neveux : Nephews

DES QUESTIONS - CHAPITRE 3

1) Où est-ce que Lola et sa famille vont passer les vacances ?

A) A bordeaux

B) A Nice

C) A Marseille

D) A Chicago

2) Comment s'appelle le gérant de la boutique ?

A) Rich

B) Donald

C) Julien

D) Claude

3) Quel est le type d'habit que Madame Claude a offert à sa sœur ?

A) Une jupe

B) Une écharpe

C) Une culotte

D) Un manteau

4) Que rêve de fabriquer la petite Joane avec de la neige ?

A) Un bonhomme géant

B) Une case

C) Un vase

D) Un ballon

5) Depuis combien de temps tante Odile n'a elle pas vu ses neveux ?

A) 5 ans

B) 2 ans

C) 3 ans

D) 1 an

LES RÉPONSES - CHAPITRE 3

1. C
2. B
3. D
4. A
5. B

CHAPTER 4 - LES LOISIRS

C'est la **récréation** ! Flora, Prisca, Junior et François sont tout excités de parler de leurs **jeux** préférés. Ils prennent rapidement leur **goûter** et se retirent dans un coin de la cour : c'est le moment de parler des choses **amusantes**. Vêtu d'un polo blanc et d'un pantalon bleu, junior est pressé de prendre la parole en premier pour **épater** ses **amis**.

Récréation : Break

Jeu : Game

Le goûter : The taste

Amusant : Fun

Épater : Impress

Amis : Friends

Junior : Mon jeu préféré est le football. C'est mon **passe-temps** favori ! Je rêve de devenir un jour footballeur comme Zidane, qui est pour moi le meilleur **joueur** de tous les temps. J'ai d'ailleurs un ballon de football **dédicacé** par Zidane. C'est mon meilleur compagnon, je l'emporte partout où je vais ! Mon papa m'a inscrit dans un **club de football** où je m'**entraîne** deux fois par semaine. Pour le moment je n'ai pas l'autorisation d'aller au **stade** pour voir les matchs en direct; ma maman me répète tout le temps que je suis encore trop petit pour cela. Mais les week-ends, je regarde des matchs de football à la télévision avec mon papa. C'est l'occasion pour moi de retenir quelques astuces de mes **joueurs préférés**. J'aime être milieu de terrain, cela me permet de mieux organiser le jeu avec mes équipiers. Je trouve que le foot est l'un des meilleurs sports du monde. Il permet non seulement de maintenir notre corps en bonne santé, mais aussi le football nous donne l'occasion de faire la rencontre d'autres amis. Je rêve de devenir un joueur professionnel plus tard pour jouer avec les plus grandes vedettes du football. Je jouerai à tous les matchs et je serai désigné meilleur joueur et meilleur buteur dans tous les championnats.

Passe-temps : Hobby

Joueur : Player

Dédicacé : Signed

Club de football : Football Club

Entraîner : Practice

Stade : Stadium

Préféré : Favorite players

Bluffé, François qui est également un grand fan de football s'exclame.

François : Super ! J'aime également le football mais quand je serai grand, j'aimerai devenir un cycliste international. Je suis passionné par le cyclisme. J'adore **pédaler** sur le **vélo**. Chaque week-end, mon grand frère et moi allons sur la **piste** faire du vélo. C'est un jeu très **passionnant** parce qu'il me donne l'impression d'être le plus **rapide** du monde. J'aimerais être comme Jérémy Roy, c'est l'un des meilleurs cyclistes en France. A chaque fois qu'on organise une compétition, je ne rate jamais l'occasion de suivre de près mon cycliste préféré. J'ai toute une **collection** de vélos dans ma chambre, je la garde très **jalousement**. Si vous voulez, je vous ferai voir ma collection, c'est trop génial. Et toi alors Flora ? C'est ton tour à présent.

Pédaler : Pedal

Vélo : Bicycle

Piste : Track

Passionnant : Exciting

Rapide : Fast

Collection : Collection

Jalousement : Jealously

Flora : J'aime beaucoup l'**art,** et **dessiner** est ma manière de m'exprimer et de m'amuser. Il faut dire que je suis douée quand il s'agit de réaliser des **dessins** artistiques. J'ai toujours un **cahier de dessin** et des **crayons de couleur** dans mon sac. Il m'arrive souvent de faire des **portraits** de ceux que j'aime. La semaine passée, maman et papa ont fêté leur l'anniversaire de mariage. Comme **cadeau,** je leur ai offert leur propre portrait que j'avais soigneusement réalisé pendant un mois entier. C'était la joie à la maison, mes parents étaient fiers de moi.

L'art : Art

Dessiner : Draw

Dessiner : Draw

Cahier de dessin : Drawing notebook

Crayons de couleur : Coloring pencils

Portrait : Portrait

Cadeau : Gift

. . .

Flora : En plus de l'art, je suis une passionnée de **cuisine**. Je me joins de temps en temps à ma maman quand elle nous **prépare** le repas. Enfin, je passe mes week-ends à préparer des **gâteaux** que j'offre à grand ma et à grand pa.

Tout émerveillés d'entendre cela, les amis de Flora lui demandent de leur préparer un gâteau dès le **lendemain**.

Cuisine : Kitchen

Prépare : Cook

Gâteaux : Cakes

Lendemain : The day after tomorrow

Prisca est la dernière à prendre la parole avant que la récréation ne se termine. Toute émue, elle dit à ses camarades qu'elle adore la **coiffure** et le **voyage**. Pour elle, faire de la coiffure est non seulement une passion, mais également un exemple de métier.

Prisca : Depuis toujours je m'intéresse, aux **magazines de mode** et aux coiffures. Ma **poupée** princesse Sarah me sert de jouet pour essayer tous les modèles que je vois ici et là. Chaque fois que j'en ai l'occasion, je n'hésite pas à partir en voyage avec mes parents. En effet, j'adore **voyager**, découvrir de **nouveaux pays** et faire de **nouvelles connaissances**. Je tiens ce goût de l'**aventure** de mon papa.

Quelques minutes après les derniers mots de Prisca, les enfants entendent la sonnerie, c'est la fin de la récréation. Tous heureux, ils se dirigent à pas lents dans leur salle de classe.

Coiffure : Hairstyle

Voyage : Trip

Magazines de mode : Fashion magazines

Poupée : Doll

Modèles : Models

Voyager : Travel :

Nouveaux pays : New countries

Nouvelles connaissances : New knowledge

Aventure : Adventure

DES QUESTIONS - CHAPITRE 4

1) Le texte parle de combien d'élèves ?

A) 10

B) 7

C) 4

D) 6

2) Quel est le joueur préféré de Junior ?

A) Lionel Messi

B) Christiano

C) Zidane

D) Neymar

3) Quel est le jouet préféré de François ?

A) La poupée

B) Le vélo

C) La voiture

D) Le ballon

4) Qu'est-ce que Flora aime apporter les week-ends à ses grands-parents ?

A) Les gâteaux

B) Des frites de plantain

C) La salade de fruits

D) Des bouquins de broderie

5) Quelle est l'activité que Prisca aime faire avec son papa ?

A) Aller au cirque

B) Suivre des émissions de télévision

C) Faire des gâteaux

D) Les voyages

LES RÉPONSES - CHAPITRE 4

1. C
2. C
3. B
4. A
5. D

CHAPTER 5 - L'ÉCOLE

Mademoiselle Clotilde est enseignante à **l'école maternelle** Sainte Anne de Lyon. Elle a été invitée à participer à un **conseil de classe** en présence des parents des élèves et de la directrice de l'école. Le but de ce conseil de classe est d'expliquer aux parents d'élèves quelles sont les **matières** qui seront enseignées aux **enfants**, les méthodes utilisées ainsi que les **objectifs** visés.

L'école maternelle : Kindergarten

Conseil de classe : Class council

Matières : Subjects

Enfants : Children

Objectifs : Objectives

Le conseil a débuté à 9H00 précises dans la salle de réunion de l'école. Après la présentation de chaque parent, la directrice a commencé par rappeler à tous les objectifs du gouvernement en ce qui concerne ce cycle spécifique. La mission principale du **cycle de maternelle** (non-obligatoire) est de cultiver dans le cœur et l'esprit des enfants l'envie de se rendre à l'école pour **apprendre**, **développer**, **affirmer** et davantage **épanouir leur personnalité**.

Cycle de maternelle : Maternal cycle

Apprendre : To learn

Développer : To develop

Affirmer : To affirm

Épanouir leur personnalité : To develop their personality

Par la suite, la directrice donne la parole à Mademoiselle Clotilde qui explique à l'assemblée que le programme de maternelle est développé sur 5 axes.

Mademoiselle Clotilde : Le premier objectif est d'aider les tout-petits à bien **parler** et à **écrire correctement** sans l'aide de personne. Pour mener à bien cet objectif, les enfants apprennent des **récitations**, des **chants** et les formes de politesse comme « bonjour, **bon après-midi**, **bonsoir**, bon appétit, **comment as-tu dormi** ? merci, au revoir, bonne nuit ». Pour l'écriture, les enfants disposent de **feuilles de papier**, des **crayons** et des **gommes** qui leur permettent de s'exprimer.

Parler : To speak

Ecrire correctement : Write correctly

Récitations : Recitations

Chants : Songs

Bon après-midi: Good afternoon

Bonsoir: Good evening

Comment as-tu dormi? : How did you sleep?

Feuilles de papier : Sheets of paper

Crayons : Pencils

Gommes : Erasers

Mademoiselle Clotilde : Le deuxième objectif est d'aider les enfants à mieux comprendre le bien-fondé du **sport**. Les enfants auront de petites activités sportives qu'ils vont mener tout en continuant à **s'amuser**.

Ils apprennent ainsi à **courir**, **lancer**, **sauter**, quitter d'un endroit à un autre en suivant des **consignes**. Les jeux de ronde ainsi que des jeux de petits parcours vont les aider à bien mesurer les **distances** et à éviter les **obstacles**.

Sport : Sport

S'amuser: Enjoy

Courir : To run

Lancer : Throw

Sauter : Jump

Consignes : Instructions

Distances : Distances

Obstacles : Obstacles

A l'école maternelle, on apprend également aux enfants l'art : **dessin**, musique, sculpture, **peinture**, photographie**, bande dessinée, cinéma** … ils ont à leur disposition des **planches de dessin**, des **pinceaux**, des **toiles** et de la peinture (non-salissante) pour **peindre**. Pour ce qui est de l'activité musicale, plusieurs instruments sont disponibles comme le **piano**, la **guitare**, la **batterie** ou encore le **saxophone**. Chaque élève est libre de choisir l'instrument qu'il désire apprendre à jouer.

Dessin : Drawing

Peinture : Painting

Bande dessinée : Comics

Planches de dessin : Drawing boards

Pinceaux : Paint brushes

Toiles : Canvas

Peindre : To paint

Piano: Piano

Guitare : Guitar

Batterie : Drums

Saxophone : Saxophone

Les **mathématiques** étant incontournables dans la vie, il a été jugé utile d'initier dès le bas âge nos petits bouts de chou aux notions mathématiques. C'est ainsi qu'on apprend aux enfants à pouvoir distinguer les **formes géométriques** (**carré, rectangle, triangle, cercle**). Les enfants apprennent également à reconnaître progressivement les différents nombres un, deux, trois, quatre, cinq, six, sept, huit et neuf.

Mathématiques : Mathematics

Formes géométriques : Geometric shapes

Carré : Square

Rectangle : Rectangle

Triangle : Triangle

Cercle : Circle

Il existe des activités au cours desquelles les enfants doivent

construire eux-mêmes des formes géométriques données avec du **papier** et du **scotch**.

Construire : To build

Papier : Paper

Scotch : Sticky-tape

Pour finir, la maîtresse a le devoir de raconter des histoires aux enfants. Ces histoires proviennent des livres au programme et portent sur différents thèmes : les **animaux**, la **géographie**, le **temps**…

Plusieurs activités complémentaires permettent aux enfants d'explorer le monde sous différents aspects. Ils pourront par exemple être en mesure de distinguer ce qui est **froid,** ce qui est **chaud**, ce qui est **mou** ou encore ce qui est **dur**. Ils ont également des activités dans lesquelles ils apprennent à connaître **les parties du corps humain**, les règles d'hygiène (**se laver les mains** avant de manger, se **brosser les dents** avant de dormir, se laver deux fois par jour…) et à savoir quand et comment les appliquer. On leur apprend aussi à reconnaître les différentes saisons (**automne, hiver, printemps** et **été**).

Animaux : Animals

Géographie : Geography

Temps : Weather

Froid : Cold

Chaud : Hot

Mou : Soft

Dur : Hard

Parties du corps humain: Parts of the human body

Se laver les mains : Wash hands

Brosser les dents : Brush teeth

Automne : Fall

Hiver : Winter

Printemps : Spring

Eté : Summer

DES QUESTIONS - CHAPITRE 5

1) Laquelle de ces propositions est une formule de politesse ?

A) Non je ne veux pas !

B) Assieds-toi ici !

C) Merci

D) Donne-la moi

2) Quel est l'outil utilisé pour écrire ?

A) Une guitare

B) Un piano

C) Une marmite

D) Un Stylo

3) Laquelle de ces propositions n'est pas un instrument de musique ?

A) Stylo

B) Guitare

C) Saxophone

D) Tambour

4) Laquelle de ces propositions est incorrecte ?

A) On apprend aux enfants à reconnaître les formes géométriques

B) On apprend aux enfants à compter

C) On apprend aux enfants à être polis

D) On apprend aux enfants à allumer un ordinateur

5) Laquelle de ces propositions n'est pas une des 4 saisons ?

A) Le printemps

B) La neige

C) L'automne

D) L'hiver

LES RÉPONSES - CHAPITRE 5

1. C
2. D
3. A
4. D
5. B

6

CHAPTER 6 - DES ENDROITS

C'est les vacances d'été et la petite Clara, âgée de 8 ans, est allée passer cette période chez sa tante Elisabeth qui est mariée et mère de plusieurs enfants.

Ça fait trois jours qu'elle est arrivée et elle s'amuse beaucoup avec ses cousins Patrick et Sandrine. Le soir, Clara dit à sa tante que ses cousins et elle aimeraient profiter des jours qui leur restent pour **se balader**, **visiter** beaucoup d'**endroits** et se fabriquer des **souvenirs.**

Se balader : To walk around

Visiter : To visit

Endroits : Places

Souvenirs : Memories

Après avoir pris leur dîner, les enfants et Elisabeth s'assoient tous au salon et la discussion peut commencer.

Pour commencer, Elisabeth leur demande quels sont leurs hobbies.

Clara prend la parole en premier pour répondre. Elle est passionnée par la photographie et les animaux. Patrick est un passionné de football, tandis que Sandrine aime la mode et les vêtements.

Après avoir réfléchi pendant quelques minutes, Elisabeth trouve une solution pour satisfaire tout le monde. Elle propose aux enfants d'étaler un programme sur une semaine. Pendant ces jours, ils iront visiter plusieurs lieux.

En allant au **zoo**, les enfants pourront vivre une très belle expérience en voyant de leurs yeux les **animaux** qu'ils ne voient souvent qu'à la télévision. Ils pourront en profiter pour faire des **photos** qu'ils garderont en souvenir de cette sortie.

Zoo : Zoo

Animaux : Animals

Photos : Photos

Le **manège** est un lieu qui plaira sûrement beaucoup aux enfants, se dit Elisabeth. Effectivement, le manège est un lieu de détente où les enfants peuvent faire de nombreuse connaissances, s'amuser, jouer et rigoler. Ils profitent de cette occasion pour s'épanouir pleinement et vivre des moments inoubliables.

Aller dans un **stade de football** pour une rencontre du **championnat** local est une bonne idée à condition que les enfants promettent de rester **sages**. En effet, l'intérieur du stade est rempli d'**adultes** qui n'hésitent pas à sauter ou faire des gestes brusques durant le **match**. Il est vrai que ce sont des sensations tout à fait uniques que de vivre un match en direct au stade, à condition d'être sages. Les enfants sautent de **joie** et promettent de rester sages comme des images.

La dernière proposition de sortie, c'est d'aller faire des achats dans les **supermarchés** pour y acheter de la nourriture, des jouets et faire un tour dans les **boutiques de vêtements**.

Manège : Attraction

Stade de football : Football stadium

Championnat : Championship

Sages : Wise

Adultes : Adults

Match : Match

Joie : Joy

Supermarchés : Supermarkets

Boutiques de vêtements : Clothing stores

C'est alors que le lendemain, ils sont tous allés dans un parc pour y passer l'après-midi sous un **beau soleil**. Les enfants ont pu jouer avec des camarades qu'ils ont rencontrés. Ils sont tellement contents qu'ils donnent plein de bisous à leur tante Elisabeth.

Ensuite, ils se rendent en ville pour faire des achats dans des **magasins**. C'est un coup de cœur pour Sandrine. Ses yeux sont émerveillés face à tous les vêtements qu'elle a devant ses yeux. **Habits, poupées, chaussures, jouets** … autant de merveilles qu'ils ont la joie de contempler. Malheureusement il n'est pas permis de prendre des photos à l'intérieur des magasins.

Beau soleil : Beautiful Sun

Magasins : Stores

Habits : Clothes

Poupées : Dolls

Chaussures : Shoes

Jouets : Toys

Samedi est un jour de libre pour les enfants. Leur papa ne travaillant pas le week-end, toute la famille est allée au **cirque** et les enfants ont pris des photos avec des **clowns** qui les ont fait rire tout le long de l'évènement. Après cela, ils sont tous allés voir un match du championnat de France de football Ligue 1. Les **vibrations** du **stade**, les **cris** et les **chants** des **supporteurs** ainsi que les actions de jeu de chaque équipe ont rempli d'émotions les enfants.

Cirque : Circus

Clowns : Clowns

Vibrations : Vibrations

Stade : Stadium

Cris : Shout

Chants : Song

Supporteurs : Supporters

Le Dimanche, ils sont tous allés à l'**église** pour la messe de 8h00. Après la célébration, ils se sont rendus au pied de la **tour Eiffel** pour visiter ce monument historique. Après c'est le tour de l'**Arc du Triomphe.** La journée s'est achevée chez le glacier. Les enfants ont pris chacun une **glace** avec de petits gâteaux. Clara a pris une glace au chocolat, Prisca a pris une glace à la fraise et Patrick a choisi une glace à la framboise.

Église: Church

Tour Eiffel : Eiffel Tower

Arc du triomphe : Arc de Triomphe

Glace : Ice cream

Quand les **vacances** sont arrivées à leur terme, la petite Clara a été obligée de regagner la maison familiale. Son papa est venu la chercher et elle a laissé ses cousins tout tristes de la voir partir.

Une fois rentrée à la maison, Clara s'est empressée de raconter ses vacances et toutes ses aventures à ses parents. Elle est tellement émue et joyeuse en leur montrant les **photos** de leurs aventures. Les parents de la petite Clara sont ravis de voir leur fille aussi contente et joyeuse.

Vacances : Holidays

Photos : Pictures

DES QUESTIONS - CHAPITRE 6

1) Chez qui Clara est-elle allée passer ses vacances ?

A) Chez sa tante

B) Chez ses grands-parents

C) Chez sa maîtresse

D) Chez ses camarades de classe

2) Dans quel endroit Patrick aimerait passer du temps ?

A) Au Cirque

B) Dans la cuisine

C) Dans un stade de football

D) Dans un zoo avec les animaux

3) Quel est le jour où toute la famille est sortie s'amuser ?

A) Lundi

B) Mardi

C) Jeudi

D) Samedi

4) Dimanche, la famille s'est rendue à la messe de quelle heure ?

A) 8h00

B) 10h00

C) 18h00

D) 06h30

5) Quel est le souvenir que Clara a gardé de ses vacances ?

A) Des bonbons

B) Des photos

C) Des gâteaux

D) Un petit chat

LES RÉPONSES - CHAPITRE 6

1. A
2. C
3. D
4. A
5. B

7
CHAPTER 7 - LA MAISON

C'est le dernier jour de classe, la petite Lana est très impatiente de rentrer à la **maison**. Ses camarades, tous curieux, veulent bien savoir ce qui la rend si heureuse. Charli qui ne peut plus attendre se lance le premier :

Charli *:* Aller ! Lana parle nous, pourquoi es-tu si contente ce matin ?

Lana constatant l'impatience de ses amis finit par se résigner à partager sa joie.

Lana *:* Je suis très contente aujourd'hui parce que ma famille et moi avons **emménagé** dans une **nouvelle** maison. Elle est **grand**e et si j**olie**.

Bruno *:* Ah bon ? Réplique une fois le petit Bruno, vous allez partir de Toulouse ? Et tes études alors ? Qu'en est-il de tes amis ? Tu vas bientôt nous quitter ?

Lana *:* Mais non ne sois pas vilain comment pourrais-je abandonner mes études et mes amis ? Notre nouvelle maison est juste à quelques pâtés de l'**ancienne**.

Rassurés, les amis de Lana lui demandent de leur parler de sa nouvelle maison.

Lana : C'est compris vous avez gagné, par où vais-je commencer ? Je sais, par la **façade** avant.

Maison : House

Emménagé (dans) : Moved (into)

Nouvelle : New

Grande : Large

Jolie : Nice

Ancienne : Old

Façade : front / outward appearance

Lana : La vue de face est **magnifique**, la cour est bordée de **gazon**, on y trouve quelques **arbres**, une partie de la **clôture** est recouverte de **fleurs**. Un peu plus loin à droite se trouve la **piscine**. J'adore la nage, tous les week-ends je vous inviterai chez nous et on pourra **nager** autant de fois que nous le voulons. Et juste à droite se trouve un espace réservé pour les **barbecues**. L'allée principale est longée de fleurs jusqu'à la **véranda**. On y trouve des **balustres** qui encadrent la véranda, soutenue, par de grandes poutres. Notre **porte centrale** est faite en vitre ce qui laisse passer la lumière du jour.

Magnifique : Beautiful

Gazon : Lawn

Arbre : Tree

Clôture : Fence

Fleur : Flower

Piscine : Pool

Nager : Swim

Barbecue : Barbecue

Véranda : Veranda

Balustre : Rail

Porte centrale : Main door

Lana : J'aime bien cette **pièce**, elle est la plus **grande** de la maison. Dedans, on voit de beaux **rideaux** sur les cadres des **portes** et des **fenêtres**. La **peinture** me plait tout autant que les **fauteuils**, ils arborent tous la même couleur.

Bruno : Et de quelle couleur sont vos fauteuils ?

La couleur de nos fauteuils est vert pastel, de même que les rideaux. Le **plafond** est tout blanc ça me rappelle tout le temps les boules de neige. Du haut du plafond pendent 4 grandes ampoules qui éclairent suffisamment la maison dans la nuit. Au milieu de la pièce se trouve une **grande cheminée**. Nous y passons souvent des hivers sévères par conséquent la cheminée est là pour apporter plus de **chaleur** dans la maison. A droite du **salon** se trouve la salle à manger.

Pièce : Room

Grande : Large

Rideau : Curtain

Porte : Door

Fenêtre : Window

Peinture : Paint

Fauteuil : Armchair

Plafond : Ceiling

Grande cheminée : Large fireplace

Chaleur : Heat

Salon : Living room

Lana : A droite du salon se trouve la **salle à manger**, c'est la pièce que je préfère après ma chambre. Elle est **rectangulaire**, et au milieu de la pièce se dresse une **longue table** faite en **bois**. C'est une table de 6 personnes. Mon papa le **chef** de la maison aime bien s'asseoir au bout et à l'autre bout ma maman s'y trouve. Vous comprenez que papa et maman sont assis l'un face à l'autre. Et des deux côtés de la table s'asseyent les enfants. Chaque enfant a sa chaise. La mienne est juste à côté de celle de ma mère. Les **chaises** sont recouvertes de **mousse**, on pourrait y passer toute la journée assis. Tout au fond de la **salle,** il y a une grande fenêtre qui sépare la salle à manger de la cuisine. C'est par là que passent les **délicieux plats** de nourriture que nous prépare maman avec amour.

Charli : Parle nous de la cuisine, est-elle comme l'ancienne ?

Lana : Pas vraiment ! La nouvelle cuisine est plus grande et **moderne**.

Salle à manger : Dining room

Rectangulaire : Rectangular

Longue table : Long table

Bois : Wood

Chef : Head

Chaise : Chair

Mousse : Foam

Délicieux : Delicious

Plats : Dishes

Moderne : Modern

. . .

La cuisine est la pièce où **maman** passe la plus grande partie de son temps. Elle n'est pas très grande, mais il y règne de la bonne **humeur**. Les placards recouvrent tous les **murs**, et sont la plupart du temps bien rangés. A l'intérieur sont classés les **assiettes**, les **plats**, les **fourchettes**, les **poêles**, les **marmites** et bien d'autres choses utiles à la cuisine.

Lili : Et qu'en est-il des chambres ?

Lana : J'y arrive !

Maman : Mummy

Humeur : Mood

Assiettes : Dishs

Plats : Plates

Mur : Wall

Fourchette : Fork

Poêle : Stove

Marmite : Pots

Lana : Les **chambres** sont de part et d'autre du couloir qui longe jusqu'au salon. La première chambre à **droite** est celle de mon **grand frère** Luc, elle est assez grande. Au fond de sa chambre se trouve un placard ? et sa fenêtre donne sur la **piscine**. Tout en face se trouve ma chambre. Humm !!!! j'adore ma chambre elle est la mieux **décorée**. Les murs sont de couleur **rose bonbon**. Moi-même je la décore à mon goût avec des **dessins**. Mon placard est aussi grand que celui de mon frère et ma fenêtre donne sur le jardin. A côté de ma chambre se trouve celle de mes parents. Elle est la plus grande parmi toutes les chambres. Le placard est énorme et tout à côté du placard se trouve la **douche**.

Bruno : Si je comprends bien vous avez une seule douche !!!

Lana : Pas du tout, celle qui est dans la chambre de mes parents n'est pas utilisée par tout le monde. C'est uniquement pour papa et maman. Tout au fond du couloir se trouve la douche **familiale**. Elle est vaste, le carrelage me plait bien, la **baignoire** est **confortable**. Il nous arrive à mes frères et moi de nous disputer le premier tour de **bain**.

Lana : Voilà, je vous ai présenté ma nouvelle maison.

Charli : Génial ! Je trouve que ta maison est superbe, il fait certainement bon de vivre dedans.

Lana : Tu le dis si bien, ma famille vit un grand bonheur, on n'en espérait pas mieux.

Chambre : Room

Droit : Right

Grand frère : Big brother

Piscine : Swimming pool

Décoré : Decorated

Rose : Pink

Bonbon : Candy

Dessin : Drawing

Douche : Shower

Familiale : Family

Baignoire : Bathtub

Confortable : Comfortable

Bain : Bath

DES QUESTIONS - CHAPITRE 7

1) De quoi parle Lana ?

A) De la ferme

B) De l'école

C) De sa nouvelle maison

D) De la ville

2) Ou se trouve la grande cheminée ?

A) Dans la cuisine

B) Au salon

C) Dans la chambre

D) Dans la cuisine

3) Quelle est la forme de la salle à manger ?

A) Rectangulaire

B) Carrée

C) Ovale

D) Triangulaire

4)De quoi sont recouverts les murs de la cuisine ?

A)De plastique

B)De placards

C)De planches

D)De carreaux

5)Combien de salles de bain trouve-t-on dans la maison ?

A)3 salles de bain

B)2 salles de bain

C)1 salles de bain

D)4 salles de bain

LES RÉPONSES - CHAPITRE 7

1. C
2. B
3. A
4. B
5. B

8
CHAPTER 8 - LE CORPS

Le petit Charles aura bientôt 4 ans. Il demande à ses parents la dernière console de jeux comme cadeau d'anniversaire. En effet, son anniversaire arrive dans une semaine exactement.

Maman : Charles, tu auras une console comme cadeau d'anniversaire à deux **conditions** :

Charles : Lesquelles ?

Maman : Premièrement tu dois me promettre d'être toujours **obéissant** ici à la maison comme à l'école, c'est d'accord ?

Charles : Oui maman, je te le promets. Et la seconde condition, c'est laquelle ?

Maman : Tu dois toujours être concentré à l'école et **étudier** tes leçons quand tu rentres des cours.

Charles : Maman tu n'as pas à t'en faire pour cela, je lis toujours mes leçons. D'ailleurs, si tu veux, tu peux prendre mes cahiers et vérifier si je dis la vérité.

Maman : Es – tu sûr Charles ?

Charles : Oui maman j'en suis certain !

C'est ainsi que Marie prend les **cahiers** de Charles et les feuillette. Elle tombe sur une leçon de sciences qui porte sur le corps humain, et décide de l'interroger dessus. Une occasion pour elle de savoir si le petit écolier est assidu en classe.

Anniversaire : Birthday

Conditions : Conditions

Obéissant : Obedient

Étudier : To study

Cahier : Notebook

Corps humain : Human body

Maman : Es-tu prêt ?

Charles : Oui maman, allons-y !

Maman : Cite-moi les parties du corps humain, ainsi que leurs rôles ?

Très enthousiaste, Charles court se tenir devant sa mère.

Charles : Les parties du corps humain sont; la tête, le tronc et les quatre membres. Tout en pointant du doigt, les parties de son corps, Charles parle avec assurance, il a bien étudié sa leçon.

Charles : La **tête**, C'est la partie la plus importante de notre corps. La maîtresse nous conseille de prendre soin de notre tête parce que c'est le moteur de notre **corps**. Elle se présente sous plusieurs formes: Ovale, triangulaire, carrée… La majorité de mes camarades ont les **cheveux** de couleur **noire**, sauf mon voisin de banc. Ses cheveux sont plutôt blonds; j'aime bien la couleur **blonde** ça me fait penser aux rayons de soleil. La tête joue un grand rôle dans les études, elle me permet de mieux retenir mes leçons.

Tête : Head

Corps : Body

Cheveux : Hair

Noire : Black

Blonde : Blonde

Maman : Maintenant, peux-tu me dire quelles sont les autres parties qu'on retrouve sur la tête ?

Encouragé par ce joli compliment, Charles ne se fait pas prier. C'est alors qu'il tire sa petite sœur Laura sous ses pieds.

Charles : Maman regarde, sur la tête, en plus des **cheveux,** on peut voir le nez. Il nous permet de respirer et de sentir les odeurs. Tout en haut, nous avons les yeux, sans nos yeux on ne peut rien voir. Ceux de Laura sont de couleur bleue. Chez d'autres personnes, ils sont plutôt noirs, marron ou encore verts. A côté des **yeux**, on a les oreilles. Mon ami teddy dit que son frère a de très grandes **oreille**s. Ils sont aussi importants pour nous parce qu'ils nous permettent d'entendre tout ce que madame Olive dit. Quant à la bouche, personne ne peut s'en passer. Elle nous aide à manger et surtout on se sert d'elle mes amis et moi pour causer pendant la récréation. C'est elle qui me permet en ce moment de te répondre maman. La maman amusée a commencé à sourire légèrement.

Cheveux : Hair

Yeux : Eyes

Nez : Nose

Oreilles : Ears

Bouche : Mouth

Maman : Ok Charles, c'est bon. Maintenant cite les autres parties

Charles : Les **bras** sont les membres qui nous permettent de porter des choses, et plus ils sont gros et musclés, plus on pourra porter des choses lourdes. La maîtresse nous a dit que si on veut devenir **forts** et **musclés**, on doit bien manger et faire beaucoup de sport. Chaque être humain possède normalement 2 **mains** qui comportent 10 **doigts** au total. C'est grâce à eux que nous pouvons saluer des gens, se gratter le nez, se nettoyer les oreilles, dessiner ou encore écrire pour faire nos devoirs.

Bras : Arms

Fort : Strong

Musclés : Muscular

Mains : Hands

Doigts : Fingers

Charles : Plus nous avons de longues **jambes**, plus nous sommes grands en taille. Ces jambes portent les **pieds** qui nous permettent de rester debout, de marcher, de sauter ou encore de danser.

Jambes : Legs

Pieds : Feet

Maman : Dernière question pour toi: tu m'as cité les parties du corps, mais peux-tu me dire quel est l'élément qui les soutient et grâce auquel elles ne tombent pas toutes ?

Charles : Il s'agit de **la colonne vertébrale** maman. Le corps humain est composé de beaucoup d'**os** dont le plus long est la colonne vertébrale. Et l'ensemble des os du corps s'appelle le squelette.

La colonne vertébrale : Spine

Os : bones

. . .

Maman : Tu as été courageux **fiston**. Tu viens de me prouver que tu révises tes leçons et je suis très contente de toi.

Charles : Maman ça veut dire que j'aurai ma console n'est-ce pas ?

Maman : Ah ah ah okay je vais en parler avec ton papa.

Fiston : Son

DES QUESTIONS - CHAPITRE 8

1) Pour quelle raison la maman de Charles vérifie s'il étudie ses leçons ?

A) Pour son cadeau de mariage

B) Pour son cadeau de Pâques

C) Pour son cadeau de Noël

D) Pour son cadeau d'anniversaire

2) Laquelle de ces propositions ne se trouve pas sur la tête ?

A) Les yeux

B) Les oreilles

C) La bouche

D) Les doigts

3) Quelle est la partie du corps qui nous permet de parler ?

A) La bouche

B) Le nez

C) Les pieds

D) Les yeux

4) Combien de doigts possède un être humain ?

A) 1

B) 6

C) 10

D) 11

5) Quel est l'os le plus long du corps humain ?

A) La colonne vertébrale

B) La main

C) L'os du bras

D) L'os qui se trouve dans le doigt

LES RÉPONSES - CHAPITRE 8

1. D
2. C
3. A
4. C
5. A

9
___

CHAPTER 9 - LE TRAVAIL

Au cours d'une causerie éducative, Roméo, Laure et leurs camarades sont interrogés par leur maîtresse sur les **métiers** qu'ils aimeraient **pratiquer** quand ils seront plus grands. Ils ont participé à ce petit jeu avec beaucoup de joie et d'enthousiasme.

Les enfants ont donné plusieurs réponses intéressantes. La maîtresse choisit d'en garder 05 et d'expliquer en détail aux enfants en quoi consistent ces métiers et quelles études il faut suivre pour y parvenir.

La maîtresse : Tout d'abord, il faut savoir qu'avant de faire le choix d'un métier, il faudrait en être passionné. Lorsqu'on **travaille** sans amour pour son métier, on ne pourra jamais être excellent. Il est donc important d'avoir **une vocation** et de la **passion** pour ce qu'on fait pour réussir.

Métiers : Professions

Pratiquer : Practice

Travaille : Work

Vocation : Vocation / Calling

Passion : Passion

La maîtresse : Le métier d'enseignant est le métier le plus noble du monde, dit-elle avec un large sourire aux lèvres. Je suis très fière d'enseigner les enfants, et je vais vous expliquer pourquoi. Tout ce qu'on est et tout ce qu'on devient dans la vie plus tard, dépend des **études** qu'on a reçues. La maternelle est la première phase de cet apprentissage. Notre rôle est de vous apprendre à lire, écrire, chanter, réciter, bien vous comporter à la maison mais aussi dans la **société**. En plus, il existe plusieurs degrés dans l'enseignement : il y a les **enseignants** de la maternelle, les enseignants du primaire, les **professeurs** des lycées et collèges et enfin les **professeurs d'université**.

Études : Studies

Société : Society

Enseignants : Teachers

Professeurs : Professors

Professeurs d'université : University professors

La maîtresse : Parlons maintenant des **médecins**. Un **docteur** est une personne qui travaille dans un **hôpital**, une **clinique** ou un **centre de santé**. Le but est de sauver des vies et de soigner les gens lorsqu'ils sont malades. Il existe plusieurs niveaux dans la **médecine : les sages-femmes**, **les infirmiers**, les médecins et **les chirurgiens.** Les chirurgiens sont ceux qui opèrent les patients. Parmi les spécialistes, on retrouve ceux qui s'occupent des yeux, des dents, du cœur, du cerveau, des oreilles… Tous s'habillent en **blouse blanche** ou encore dans des uniformes bleus ou blancs.

Médecins : Doctors

Docteur : Doctor

Hôpital : Hospital

Une clinique : A clinic

Un centre de santé : A health center

La médecine : Medicine

Les sages-femmes : Midwives

Les infirmiers : Nurses

Les chirurgiens : Surgeons

Blouse blanche : White blouse

La maîtresse : Les **sapeurs-pompiers** appelés encore soldats du feu sont les personnes qui luttent contre les **incendies** et qui **éteignent** le **feu**. Dans de nombreux cas, il arrive qu'ils sauvent des vies humaines. Pour devenir sapeur-pompier, il faut suivre une formation militaire avec une formation en **secourisme**.

Roméo : Madame, comment font-ils pour ne pas être touchés par le feu ?

La maîtresse : C'est une excellente question que vous posez les enfants. Les sapeurs-pompiers portent une tenue (combinaison) spéciale qui résiste au feu. En plus de cela, ils sont très forts et tout ceci leur permet de lutter efficacement contre le feu.

Sapeurs-pompiers : Firefighters

Incendies : Fire

Eteindre : To extinguish

Le feu : Fire

Secourisme : First aid

Roméo : Mon papa est **policier**. Madame, pouvez-vous en parler ?

La maîtresse : Bien-entendu ! Le métier de policier est très passionnant, puisqu'ils sont chargés de protéger la population. Il est facile de reconnaître un policier grâce à son uniforme. Mais il faut savoir qu'il existe une catégorie de policiers qui ne porte pas d'uniforme. Ce sont ceux qui **enquêtent** en silence. Afin de mener à bien leur **mission**, il ne faut donc pas qu'on puisse les reconnaître.

Policier : Policeman

Enquête : Investigation

Mission : Mission

La maîtresse : Vous connaissez sûrement les voitures de police n'est-ce pas ?

La classe : Oui Madame !!!

Roméo : La voiture de mon papa a des jeux de lumière rouge et bleue et la **sirène** qui crie wouuunn wouuuun wouuuun.

La maîtresse : Tout à fait ! vous connaissez bien les voitures de **police**. Pour devenir policier, il faut réussir au concours d'entrée à l'école de police et après, subir un entraînement militaire. Le rôle des policiers est d'arrêter les méchants qui volent dans les maisons et dans les boutiques, banques, de veiller sur la population, de diriger la circulation afin que les voitures puissent rouler normalement. Ils portent sur eux un **pistolet**, des **menottes** et un appareil pour arrêter les méchants.

Sirène : Siren

Police : Police

Pistolet : Gun

Menottes : Handcuff

La maîtresse : Avez-vous déjà entendu parler du métier d'avocat ?

La classe : Oui Madame !!!

Laure : Mon papa à moi est avocat, mais je ne comprends pas en quoi consiste son métier.

La maîtresse : Eh bien Laure, le métier d'**avocat** est un métier tout aussi passionnant que celui de policier. Leur rôle est de défendre d'autres personnes au tribunal et devant un **juge**. Le problème est que les avocats ne défendent pas toujours les innocents. Ils s'occupent aussi des personnes coupables, des **voleurs** et des **meurtriers** dans un tribunal. Les avocats portent tous une longue robe noire qu'on appelle **toge**. Pour entrer dans ce corps de métier, il faut faire des études de **droit**. Une fois finies, il existe plusieurs spécialités : **greffier**, avocat, juge, **procureur**…

Avocats : Lawyers

Juge : Judge

Voleurs : Thieves

Meurtriers : Murderers

Toge : Toga

Droit : Law

Greffier : Clerk

Procureur : Prosecutor

La maîtresse : Alors les enfants, j'espère que vous comprenez maintenant mieux les métiers que vous voulez exercer plus tard.

La classe : Oui madame !!!

La maîtresse : Il existe d'autres métiers très intéressants dans la vie comme **plombier, mécanicien, styliste**… plus vous grandirez, plus vous saurez avec certitude ce que vous voudrez faire dans la vie.

Plombier : Plumber

Mécanicien : Mechanic

Styliste : Stylist

DES QUESTIONS - CHAPITRE 9

1) Laquelle de ces propositions est importante pour bien faire un métier ?

A) La passion

B) La paresse

C) Le sommeil

D) L'argent

2) Quel est le métier le plus noble du monde ?

A) Policier

B) Avocat

C) Enseignant

D) Pompier

3) Qu'est-ce qui protège les sapeurs-pompiers du feu ?

A) Leurs pouvoirs

B) Leurs combinaisons

C) Leur passion

D) Leur amour

4) Lequel de ces objets est l'arme d'un policier ?

A) Le chocolat

B) Les ciseaux

C) Un téléphone

D) Un pistolet

5) Où travaille un médecin ?

A) Dans un restaurant
B) Dans un hôpital
C) Au tribunal
D) Dans une école

LES RÉPONSES - CHAPITRE 9

1. A
2. C
3. B
4. D
5. B

10
CHAPTER 10 - LA MÉTÉO

Christian est un jeune-homme de 8 ans qui vit avec sa mère Séverine en province. Il fréquente dans une école privée de la classe où il est le plus brillant de la classe. Aujourd'hui, sa maîtresse leur a fait une leçon sur le **climat** et comme d'habitude, Christian s'empresse d'aller tout expliquer à sa maman. De retour à la maison, il fait part à sa maman du thème de la leçon. Cette dernière lui propose de se changer et de prendre une douche, puis d'en discuter après le dîner.

Après le repas, Christian demande à sa maman de lui parler des différentes **saisons.** Celle-ci lui retourne la question en lui demandant le nombre de saisons qu'il existe dans le monde.

Christian : Il existe quatre saisons qui durent chacune trois mois : l'hiver, le printemps, l'été et l'automne.

Toute émue, la maman s'exclame affectueusement avec un grand sourire.

Maman : Bravo mon chou ! C'est super, peux-tu m'en dire plus ?

Climat : Climate

Saisons : Seasons

. . .

Christian : La première saison de l'année c'est l'hiver. De décembre à mars, il fait très **froid.** En hiver, il y a de la **pluie** et la **neige.** Les **gouttes d'eau** qui tombent des **nuages** dans le ciel se transforment en neige. C'est en cette période qu'on peut fabriquer des bonshommes de neige ! La maîtresse nous enseigne aussi qu'en hiver, les **arbres** se reposent et n'ont plus beaucoup de feuilles. Leurs racines s'en vont chercher de l'eau dans le sol pour faire le plein d'**énergie.**

Froid : Cold

Pluie : Rain

Neige : Snow

Gouttes d'eau : Water drops

Nuage : Cloud

Arbres : Trees

Energie : Power

Maman : D'accord, quels sont les fruits et légumes qu'on trouve en hiver ?

Christian : Nous n'avons pas parlé de fruits et légumes en classe, maman.

Maman : Eh bien, les fruits de cette saison sont ; l'ananas, la grenade, l'avocat, les fruits de la passion, l'orange, le **citron**, la mandarine… Quant aux légumes, on peut facilement trouver les **carottes**, les **choux**, **les citrouilles** … Qu'a-t-elle dit d'autre, la maîtresse ?

Citron : Lemon

Carotte : Carrot

Chou : Cabbage

Citrouille : Pumpkin

Christian : La maîtresse a ajouté que la seconde période de l'année, c'est le printemps. De mai à juin, le froid laisse la place au **beau temps**. Les **oiseaux** sortent de leur cachette et chantent toute la journée. On entend la mésange chanter « *tuii ti tui ti* » et la pie jacasser. Même les **escargots** qui étaient cachés vont sortir pour profiter du beau temps, on peut admirer leurs **magnifiques coquillages**. Les feuilles recommencent à pousser sur les arbres et les **fleurs** sont très belles et sentent très bon.

Maman : C'est donc au printemps qu'on part souvent en **pique-nique** à la **campagne** ?

Christian : Exacte maman ! Et quels sont les fruits et légumes en cette saison ?

Maman : Les fruits et légumes qu'on pourra consommer sont par exemple la **fraise**, le **kiwi**, la **pomme**, le **melon** ... et les **asperges**, la blette, la **fève**, les fenouils...

Beau temps : Good weather

Oiseaux : Birds

Escargots : Snails

Magnifiques coquillages : Beautiful shells

Fleurs : Flowers

Pique-nique : Picnic

Campagne : Countryside

Fraise : Strawberry

Kiwi : Kiwi

Pomme : Apple

Melon : Melon

Asperges : Asparagus

Fève : Bean

Christian: Ensuite, c'est l'été ! Ça commence de mi-Juin à mi-septembre. C'est la période des vacances, c'est là qu'il fait le plus chaud. Le temps est magnifique pour aller à la plage **plage**. On peut **bronzer**, se baigner et jouer à la plage sans être inquiété.

Maman : C'est également pendant cette période que je t'amène très souvent dans les festivals que tu aimes tant. Difficile de remarquer qu'en cette période de l'année, les journées sont plus plus longues que d'habitude. En fait, la journée dure 19 heures avant le coucher du soleil. Les fruits disponibles sont le melon, la pêche, l'abricot, la mirabelle, la **cerise** …et les légumes et aromates sont l'**oignon**, la fève, la carotte, la courgette, la **tomate**…

Plage : Beach

Se bronzer : To sunbathe

Cerise : Cherry

Oignon : Onion

Tomate : Tomato

Christian : Enfin, c'est l'automne. Ça commence en septembre et fin en début décembre c'est l'automne. Maman, peux-tu me parler d'elle ? Je ne me rappelle plus de grand-chose.

Maman : Durant l'automne, les jours deviennent plus courts. En fait, la nuit tombe très vite. A peine il est 18 heures que tu verras que le ciel est déjà noir et que la nuit s'est déjà installée. Tu constateras qu'en te baladant, il y a un **vent silencieux** qui fait tomber les feuilles des arbres. Chaque matin à ton réveil, tu verras que les **parcs** sont toujours pleins de feuilles mortes au sol. Les feuilles qui sont d'habitude vertes grâce à la lumière du soleil commencent à devenir petit à petit jaunes et pâles parce qu'elles ne reçoivent plus beaucoup de soleil. Les **champignons** poussent un peu de partout, mais il faut faire attention. Tous les champignons ne sont pas bons pour la santé donc il faut être sage. C'est aussi la grande saison des **raisins**. Savais-tu qu'on fabrique le vin avec du raisin ?

Christian : Non maman, je l'ignorais.

Maman : Maintenant tu le sais. Et les autres fruits qu'on consomme beaucoup sont : la datte, le kaki, la châtaigne, le marron…et les légumes sont la betterave, le brocoli, le potiron, les poireaux, la courge…

C'est ainsi que Christian a pu compléter ses connaissances et mieux comprendre comment distinguer chaque saison.

Vent : Wind

Silencieux : Quiet

Parcs : Parks

Champignons : Mushrooms

Raisins : Grapes

DES QUESTIONS - CHAPITRE 10

1) Quelle est la première saison de l'année ?

A) L'automne

B) L'hiver

C) L'été

D) Le printemps

2) Durant quelle saison entend-on les oiseaux chanter toute la journée ?

A) L'automne

B) L'hiver

C) L'été

D) Le printemps

3) Dans quelle saison peut-on aller à la plage et aux festivals sans crainte ?

A) L'été

B) L'hiver

C) L'automne

D) Le printemps

4) Dans quelle saison les jours deviennent plus courts que d'habitude ?

A) L'été

B) Le printemps

C) L'hiver

D) L'automne

5) Pourquoi durant l'automne, les feuilles des arbres deviennent jaunes ?

A) Parce qu'elles reçoivent trop de soleil

B) Parce qu'elles ne reçoivent plus beaucoup de soleil

C) Parce qu'il fait très froid

D) Parce qu'il fait très chaud

LES RÉPONSES - CHAPITRE 10

1. B
2. D
3. A
4. C
5. B

AFTERWORD

Did you enjoy the book or learn something new? It really helps out small publishers like French Hacking if you could leave a quick review on Amazon so others in the community can also find the book!

For a chance to go into the draw to win one of our FREE books every month and other updates, subscribe below!

https://frenchacking.activehosted.com/f/3

For daily posts on all things French, follow us on Instagram @Frenchacking

www.ingramcontent.com/pod-product-compliance
Lightning Source LLC
Chambersburg PA
CBHW062053280426
43661CB00088B/830